AF400586

Manfred Bomm / Korbinian Fleischer

Mit Volldampf auf die Alb

175 Jahre Geislinger Eisenbahn-Steige

Geschichte - und Geschichtchen

Impressum

Bibliografische Information der Deutschen Nationalbibliothek:
Die Deutsche Nationalbibliothek verzeichnet diese Publikation in der Deutschen Nationalbibliografie; detaillierte bibliografische Daten sind im Internet über http://dnb.dnb.de abrufbar.

© 2025 Manfred Bomm /Korbinian Fleischer

Fotos und Texte aus Archiv Korbinian Fleischer sowie Fotos von Armin Bräuning

Lektorat: Wir haben das Büchle aus Freude an der Eisenbahn selbst korrigiert und gemacht - weshalb man uns Fehler großzügig ebenso verzeihen sollte, wie bisweilen „Knicks" im Layout

Verlag: BoD · Books on Demand GmbH, In de Tarpen 42, 22848 Norderstedt, bod@bod.de
Druck: Libri Plureos GmbH, Friedensallee 273, 22763 Hamburg

ISBN: 978-3-7597-4400-5

ZU 175 JAHRE GEISLINGER STEIGE

Damit nicht vergessen wird, welche Bedeutung die Eisenbahn einst für Geislingen hatte, haben wir aufwendig recherchiert. Was dabei herausgekommen ist, wurde im Sommer 2023 in einer sechsteiligen Artikelserie in der „Geislinger Zeitung" dargestellt. Zum Jubiläumsjahr 2025 möchten wir unsere damals veröffentlichten Texte einem noch breiteren Publikum präsentieren - in geringfügig abgeänderter Form. Wohl wissend, dass alles gut war zu seiner Zeit, sollte man nicht vergessen, warum etwas ist, wie es ist. Außerdem ist die Faszination an der Eisenbahn ungebrochen. Schade nur, dass es in Geislingen nie gelungen ist, das überregional bekannte Jahrhundertbauwerk „Steige" ins Bewusstsein der Touristen zu rücken - wie das zum Beispiel in Triberg an der Schwarzwaldbahn geglückt ist. Dort wird vollmundig für die außergewöhnliche Bahnstrecke geworben. Bei der Zusammenstellung der folgenden Texte war es unser Bestreben, die Geislinger Steige als bahntechnische Besonderheit hervorzuheben.
Manfred Bomm, Journalist
Korbinian Fleischer, Eisenbahn-Redakteur

Mit Volldampf auf die Alb: Wie's mal
war und wie es heute ist.

Wie der Bahnhofsvorsteher von Geislingen (Steige) bundesweiter Marketing-Manager des Jahrs wurde

Leider ist das Jahrhundert-Bauwerk „Geislinger Steige" nie wirklich touristisch vermarktet worden. Und dies, obwohl jede Museums-Dampflokfahrt auch heute noch Eisenbahnfans zuhauf anlockt; dann lauern auf jedem Aussichtspunkt entlang der Strecke Fotografen, um die abenteuerliche Steige mit einem „Dampfross" festhalten zu können. Von der Geislinger großen Eisenbahn-Vergangenheit finden sich kaum noch Spuren - und eine Nebenbahn ins „Täle" nach Wiesensteig wurde längst stillgelegt. Zu allem Überfluss ist ausgerechnet vor dem Jubiläumsjahr die Zukunft der historischen Züge ungewiss, die jahrelang von den Ulmer Eisenbahnfreunden noch gefahren wurden - vom oberen Steige-Bahnhof Amstetten auf den einstigen Nebenbahnstrecken nach Gerstetten einerseits und Oppingen andererseits (Strecke ging ursprünglich bis Laichingen).
Nicht überall finden sich bei der Deutschen Bahn heutzutage noch so innovative Mitarbeiter, wie es Wolfgang Dorsch einst 30 Jahre lang an verschiedenen Orten entlang der Schwäbischen Eisenbahn-Strecke als Bahnhofsvorsteher war, darunter auch in Geislingen. Eine geniale Marketing-Idee brachte ihm 1983 sogar den bundesweiten Titel „Bahn-PR-Manager des Jahres" ein. Und das kam so: Als da-

mals die Deutsche Bundesbahn für ihr preisgünstiges „Rosa-rotes Wochenende" mit Elefanten warb (weil wohl das Angebot so stark war), ließ er zum Geislinger Bahnhof 13 leibhaftige Elefanten marschieren - ihre mächtigen Rücken mit beschrifteten

Tüchern bedeckt, auf denen für die günstigen Zug-Angebote geworben wurde. Möglich gemacht hat's der Zirkus Althoff, der gerade in Kirchheim gastiert hatte und dessen nächstes Ziel Geislingen war. Dorsch hat mit dem Zirkus-Direktor Kontakt ge knüpft und ihn kühn gefragt, ob er denn „einen Elefanten" bekommen könne. Althoff habe erwidert:

„Sie kriegen nicht einen, sondern 13." Sprach's und
ließ die per Zug reisenden Elefanten am Tälesbahnhof aussteigen und zu Fuß über die Fabrikstraße zum
Bahnhof trotten. Für 500 Mark „Futtergeld", die
Dorsch von seiner Stuttgarter Direktion locker er-
hielt.

Schade, dass die heutigen Werbe-Strategen der
Bahn nie für die Strecke Stuttgart-Friedrichshafen
den pfiffigen Begriff „Schwäbische Eisenbahn" an-
gewandt haben. Anderswo haben Strecken auch ihre
Eigennahmen - wie etwa die „Gäubahn" (Stuttgart
über Singen in die Schweiz) oder die „Riedbahn".
(zwischen Frankfurt und Mannheim). Unere Bahn ist
hingegen ganz offiziell und schlicht die „Württembergische Südbahn" oder „Fils(tal)bahn". Dabei ist
die „Schwäbische Eisenbahn" ein weithin bekannter
(Marken)-Name - und zwar allein durch das gleich-
namige Lied, in dem ja die Bahnhöfe „Stuagert, Ulm
ond Biberach, Meckabeua, Durlesbach" aufgezählt

Der legendäre Orientexpress bei Lonsee

werden. Wobei - des Reimes wegen - die Reihen-
folge nicht stimmt: Aus Richtung Ulm kommt
Durlesbach vor Meckenbeuren. Aber auf Meckenbeuren hätte sich Biberach halt nicht gereimt.

Der Bahnhofsvorsteher mit
den Elefanten:
Wolfgang Dorsch

Seebach-Bereich von Geislingen vor der Bebauung: Links unten ist bereits ein Teil des Eisenbahn-Bogens zu erkennnen, auch der Gaskessel. Die helle Straße durch die Bildmitte führt nach Altenstadt.

Modern, sauber und großzügig angelegt: so präsentiert sich seit Mitte Dezember 2022 der Merklinger Bahnhof an der ICE-Neubaustrecke Stuttgart-Ulm.

Das Filstal kann vor Neid erblassen. Denn an der alten Strecke wurden einst stolze Bahnhöfe in Haltepunkte umgewandelt oder in ihrer Tristesse belassen.

„Stuagert, Ulm und Biberach...": Nun rollen auf der neuen Schwäbischen Eisenbahnstrecke die Züge. Auch wenn sich dies erst nach und nach in Geislingen bemerkbar macht. Denn viel ICEs fahren vorläufig weiterhin durch Geislingen und gemächlich die Steige hoch und runter. Schuld daran ist das verspätete Großprojekt Stuttgart 21, weshalb die Neubaustrecke bei Wendlingen in die Trasse Richtung Plochingen abzweigt und mit der alten Filstalroute verknüpft wird. Diese sogenannte Wendlinger Kurve weist eine viel zu geringe Kapazität auf, um alle Züge aufzunehmen. Eines aber ist sicher: Der Tag ist nicht mehr fern, da wird man in Geislingen keine ICE's mehr fahren sehen. Und auch den französischen TGV nicht mehr. Es bleiben die Regional- und Güterzüge.

Auf der Geislinger Steige: Zug am Mühltalfelsen vor dem Rest des gesprengten „Generals".

Geislingen einst Nabel der Eisenbahn-Welt?

Schwarzes Loch zum Brunnensteig:
Obere Stadt mit der Eisenbahnlinie.

Geislingen ist eng mit der Eisenbahn verbunden.
Dass sie die „Steige" sogar im Ortsnamen trägt, hat
jedoch nicht - wie oftmals zu hören ist - mit der Eisenbahn zu tun, sondern mit historischen Straßen.
Stadtarchiv-Leiter Dr. Philipp Lintner bestätigt,
dass der Namenszusatz bereits vor dem Bau der
Eisenbahnsteige geläufig war. Schon in der Ober-
amts-Beschreibung aus dem Jahre 1842 sei „an der

Steig" erwähnt, um Geislingen von Orten gleichen
Namens zu unterscheiden.
Die Stadt hat aber vom Bau der Eisenbahnsteige
profitiert, denn er brachte den Anschub für die Industrialisierung. 40 Jahre, nachdem zwischen Nürn-
berg und Fürth die erste private Eisenbahnlinie er-
öffnet worden war, hat das Eisenbahn-Fieber auch
hierzulande um sich gegriffen. Immerhin hat bereits
1833 - siebzehn Jahre vor der Inbetriebnahme der
Steige - der Reutlinger Wirtschaftstheoretiker,
Unternehmer und Politiker Friedrich List seine Idee
für ein deutsches „Eisenbahnsystem" veröffentlicht,
das später zu 95 Prozent so realisiert wurde.
Auf Grundlage dieses Plans, schwebte dann wohl dem
damaligen württembergischen König Wilhelm I. eine
Bahnlinie von Heilbronn bis Friedrichshafen vor - mit
Anschlüssen in die Schweiz, aber auch nach Ost und
West - also vom Atlantik bis zum Schwarzen Meer.

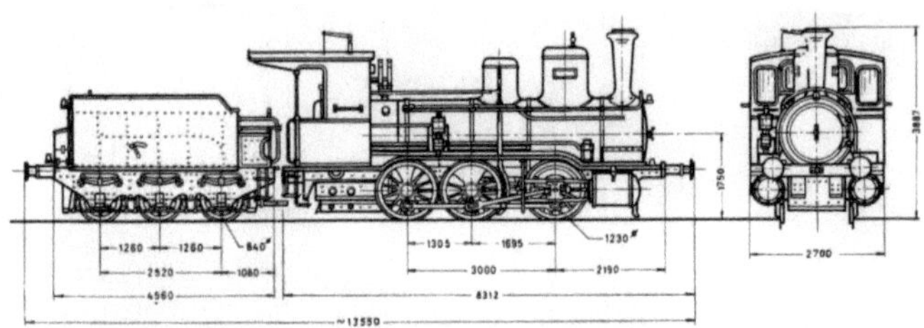

23   Klasse F 2 (Neubau und Umbau)   Tender Type IIIu (Kohlen 9,7 t, Wasser 9,5 m³)

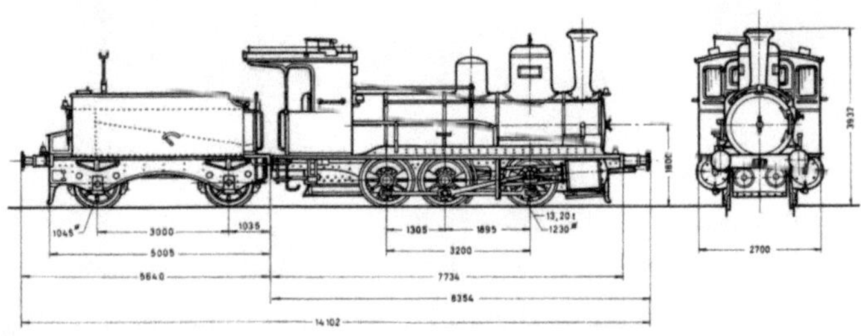

24   Klasse Fc   Tender Type XIV fn (Kohlen 6 t, Wasser 10 m³)

Skizze der Lokomotive, die eigens für die
Geislinger Steige konstruiert worden war.

Geislingen dabei also so etwas wie der Nabel der
Welt.
Ab 1889 und sogar bis 2007 legte hier auf der
Fahrt zwischen Paris und Istanbul der legendäre
Orient-Express einen planmäßigen Stopp ein. Erst
mit Einführung des TGV-Verkehrs Paris-Stuttgart
(später Paris-Wien) fiel der historische Orient-Ex-
press weg.

Gerade die enorme Steigung war es, die die Linienführung über die Schwäbische Alb strittig gemacht
hatte: Eine Variante sah das Rems- und Brenztal vor
(also mit Heidenheim), eine andere das Filstal, woje-
doch die hier steile Albkante als ein unüberwindba-
res Hindernis galt. Gegen die flachere Heidenheim-
Variante hatte aber die Stadt Ulm heftigen Wider-
stand geleistet, weil man dort befürchtete, dass die
Bahn Ulm umfahren könnte (direkt nach Günzburg
und Augsburg). 13 Sitzungen des Landtags bedurfte
es, bis 1845 der Filstal-Plan des Heilbronner Ober-
baurats Carl Etzel genehmigt wurde. Die technische
Ausführung oblag dem Geislinger Oberbaurat Michael Knoll, der als tüchtigen Planer den Stuttgarter Wilhelm Pressel hinzuzog, dessen Name
oftmals unterschlagen wird. Sie alle sollten die
erste „Gebirgsüberquerung" einer Eisenbahn in
Kontinentaleuropa ohne Zahnrad realisieren:
Alle 45 Meter Wegstrecke war ein Höhenmeter
zu überwinden. Mit engen Kurvenradien von nur
275 Metern. Ein kühnes Vorhaben, denn zu dieser Zeit gab es noch nicht einmal eine Dampflok, die derartiges schaffen konnte. Aber die
Maschinenfabrik Esslingen war
innovativ genug, eine solche Maschine zu entwi-
ckeln.
Übrigens. Die Steige ist nicht - wie oftmals be-
hauptet wird - die steilste Eisenbahn-Haupt-

Spektakuläres Unglück an der Rosendole: Zug prallt auf einen anderen. Die Waggons waren glücklicherweise leer.

strecke Europas; da gibt es noch wesentlich steilere, beispielsweise in Österreich und der Schweiz.

Zuvor war (allen Ernstes) auch erwogen worden, die Geislinger Steilstrecke zur Hochfläche mit einer pferdegetriebenen Eisenbahn zu bewältigen, wofür es in Österreich ein Vorbild gab. Ein Abgeordneter des Landtags hatte nämlich geunkt, es handle sich um das „gefährlichste Bauwesen unter der Sonne". Schon beim geringsten Unglück falle „alles den Berg" herab. Hinzu kam die Sorge, dass

Fahrplan der Geislinger Zeitung

Ohne Gewähr Gültig vom 1. April 1924 ab. Ohne Gewähr

Stuttgart=Ulm.

Station		Eilz.	L.-Z.	Pz.	S.-Z.	P.-Z.	L.-Z.	P.-Z.	P.-Z.	P.-Z.	L.-Z.	S.-Z.	Px.	P.-S
Stuttgart	ab	1.25	W.	4.55	8.45			12.05	12.34	3.28		5.10	7.04	10.05
Cannstatt	.	1.30		5.03	8.59			12.14	12.42	3.43			7.14	10.13
Eßlingen	.	1.42		5.27	9.01			12.40	12.56	3.53			7.39	10.36
Plochingen	.	1.53		5.56	9.15			1.01	1.14	4.02	5.20	5.35	8.08	11.06
Uhingen	.			6.21				1.23	1.36	4.25	5.44		8.31	11.32
Faurndau	.			6.26				1.28	1.41	4.38	5.50		8.36	11.38
Göppingen	an	2.14		6.32	9.32			1.33	1.46	4.50	6.03	5.53	8.41	11.45
Göppingen	ab	2.16		6.34	9.33	12.05	12.45	1.35	1.48	5.03	6.26	5.54	8.44	11.50
Eislingen	.			6.41		12.13	12.55	1.43	1.55	5.13	6.36		8.52	11.58
Salach	.			6.46		12.19	1.02	—	—	5.20	6.44		8.58	12.04
Süßen	.		6.07	6.51		12.54	1.10	1.54	2.04	5.27	7.00		9.05	12.13
Gingen	.		6.15	6.58		1.01	1.19	2.03	2.13	5.36	7.08		9.14	12.23
Kuchen	.		6.21	7.04		1.07	1.26	· ·	· ·	5.43	7.14		9.21	12.31
Altenstadt	.		6.27	7.09			1.33	—	—	5.49	7.20		9.27	12.37
Geislingen	an	2.50	6.35			1.17	1.42		2.32		7.28	6.28		12.47
Geislingen	ab	2.53	5.14	7.21	10.03	1.10	1.10	2.25	2.35	6.03		6.29	9.40	
Amstetten	.		5.29	7.35		1.41	1.41			6.18			9.57	
Urspring	.		5.36	7.41		1.52	1.52			6.24			10.03	
Lonsee	.		5.41	7.45		2.08	2.08			6.28			10.07	
Westerstetten	.		5.47	7.52		2.27	2.59	2.46		6.33			10.12	
Beimerstetten	.		5.59	8.05		2.59	3.28		3.06	6.45			10.23	
Jungingen	.		6.07	8.12						6.51			10.29	
Ulm	an	3.40	6.20	8.21	10.51			3.07	3.19	7.00		7.16	10.38	
Friedrichshafen an		7.18		11.37	12.46				5.44	10.53				

Spaltenvermerke: S.-Z. „Schnellzug nach dem Bodensee und München"; P.-Z. „B., außgen. Samstags"; „Nur Samstags"; „Bis Eßlingen Werktags, ab Eßlingen nur Samstags"; „nur Samstags"; L.-Z. „Nur Werktags"; S.-Z. „mit Anschluss Geislingen-Amstetten an 6.48 Nachm."

starke Dampflokomotiven durch ihren enormen Ver-
brauch an Brennmaterial die Holzpreise ins Uner-
messliche

klettern lassen würden. Außerdem werde das
Frachtfuhrgewerbe in den Ruin getrieben.
Auf die Natur freilich wurde wenig Rücksicht genommen: Oberhalb der Steigmühle musste ein riesi-
ger Felsen weichen, einst „General" genannt, der das
enge Rohrachtal gewiss stark geprägt hat. Und um
die Steigung mit Hilfe einer möglichst langen „An-
laufstrecke" überwinden zu können, ließ man die
Trasse bereits ab Süßen ansteigen und in einem wei-
ten, „Hufeisen" genannten Bogen auf Dämmen um
Geislingen heraum verlaufen. Das Eybacher Tal wurde kurzerhand mit einem mächtigen Bahn-Damm ab

geschottet - ein gewaltiger Eingriff in die Land-
schaft, der heutzutage gewiss an vielen Einsprüchen
scheitern würde. Man würde vermutlich eher eine
filigrane Talbrücke bauen.
Ähnlich abgeschottet wurde das sogenannte „Katzenloch", dessen Ausläufer bis weit hinab ins See-
bach-Areal reichten. Wie das ausgesehen haben
mag, kann man sich heute von den Aussichtspunkten
Bismarck- oder Anwandfelsen aus vorstellen.
Auf ähnliche Weise wurden mehrere seitliche Ge-
ländeeinschnitte kurzerhand mit aufgeschütteten
Dämmen überwunden - so auch das Längental und der
Brunnensteig abseits der oberen Stadt. Lange Zeit
gab es hier wie dort nur finstere und enge Durchlässe, wie etwa die „Rosendole" zum Brunnensteig. Alle
diese Durchlässe wurden im Laufe der Zeit vergrö-
ßert.
Doch die Menschen der damaligen Zeit hatten andere Sorgen. Sie waren von dem Großprojekt Eisenbahn begeistert: vom technischen Fortschritt und
vom Anschluss an die große weite Eisenbahnwelt
fasziniert.
Welch gewaltige Leistung vollbracht wurde - ingeni-
eurs-technisch und handwerklich - kann man sich
kaum vorstellen: bereits dreieinhalb Jahre nach dem
Baubeschluss wurde die Strecke Süßen-Ulm-Fried-
richshafen freigegeben - am 29. Juni 1850.

Der Bau hat in Geislingen jedoch mindestens fünf Todesopfer gefordert. Drei Arbeiter kamen nach einem Regenguss in einer Unterhöhlung beim Bahnhof ums Leben: zwei weitere bei Sprengungen. In anderen Berichten ist von zwei schweren Unfällen die Rede, die es 18 Jahre nach Streckeneröffnung gegeben habe - mit „zehn Toten und einigen Verletzten."
Und 36 Jahre nach der Eröffnung, am 3. Januar 1886, explodierte auf Höhe des Fußgängerstegs an der äußeren Hauptstraße der Kessel einer Lokomotive. Lokführer und Heizer wurden damals getötet.

Tragisch und spektakulär verlief ein Unfall am 31. Mai 1894. Nachdem in Gingen an einer Dampflok der Tenderbolzen gebrochen und Lokführer samt Heizer herausgeschleudert wurden, schnaubte die führerlose Dampfmaschine mit geöffnetem Regler Richtung Geislingen. Es war unmöglich, sie aufzuhalten. In Amstetten konnte ein rangierender Zug nicht mehr rechtzeitig aus dem Durchfahrtsgleis in Sicherheit gebracht werden, weshalb die Lok gegen die letzten Waggons krachte. Zwei Eisenbahner kamen dabei ums Leben.

Trotz solcher Unfälle fand die Eisenbahnstrecke sehr schnell regen Zuspruch, sowohl bei den Passagieren als auch beim Güterverkehr. Bereits zwölf Jahre nach der Einweihung wurde ein zweites Gles für erforderlich gehalten, wofür die Trasse schon beim Bau vorbereitet worden war. Und ab 1933 war die Strecke durchgehend elektrifiziert und konnte nun mit leistungsstarken Lokomotiven betrieben werden. Auch wenn während des Kriegs noch lange Zeit Dampfloks in Ermangelung von E-Loks als Schubloks im Einsatz standen.

Was von der großen Geislinger Eisenbahn-Zeit geblieben ist

Viel übrig geblieben ist von der großen Eisenbahn-Vergangenheit nicht: Die Tälesbahn, im Volksmund

„Täleskätter" genannt, die Geislingen mit Wiesensteig verbunden hat, wurde ab den 1960er-Jahren stückweise aufgegeben: zuerst wurde der Abschnitt Deggingen-Wiesensteig gekappt, am 30. Mai 1980 schließlich der Personenverkehr zwischen Geislingen und Deggingen, am 26. September 1981 dort auch der Güterverkehr - und 2001 erfolgte die vollstän-

Das Modell im Museum zeigt die Eisenbahn-Situation bei den einstigen Gaskesseln, die längst abgebrochen sind und an deren Stelle nun ein Hospiz entsteht.

dige Stilllegung der restlichen 4,5 Kilometer im Geislinger Stadtgebiet.

Was kaum bekannt ist: Auf der etwa 21 Kilometer langen Nebenbahnstrecke wurde fast genau die selbe Höhe überwunden, wie auf der Geislinger Steige hinauf nach Amstetten, das auf der gleichen Meereshöhe liegt wie Wiesensteig. Wiesensteig: 580 Meter über NN, Amstetten 587 über NN).

Die Dampf- und später die mit einer Diesellok bespannten Züge dieser Nebenbahn hatten am Geislinger Bahnhof ursprünglich ihr eigenes Gleis - und zwar vor dem Empfangsgebäude, also dort, wo sich heute die Omnibusse in den zentralen Busbahnhof einfädeln.

Fast wie im Hamburger Hafen: Container türmen sich an der Verladestelle zwischen Beimerstetten und Dornstadt auf.

In die Richtung Wiesensteig führte es am 1962 errichteten Stellwerk vorbei talabwärts. Zunächst folgte die Nebenbahn mit topografischem Abstand der Hauptlinie, um dann in der Talsole scharf links nach Altenstadt abzubiegen. Heute ist aus dieser

Trasse weitgehend ein Radweg geworden, der - wie einst die „Täleskätter" - mehrere Straßen kreuzt: Heidenheimer-, Werk-, Eyb- und Stuttgarter, sowie Paulinen- und Wiesensteiger Straße. Der beschrankte Bahnübergang an der Stuttgarter Straße (unweit des heutigen Einkaufszentrums Nel Mezzo) hat oft zu langen Staus auf der B 10 geführt.

Viel später, als die Interessengemeinschaft Tälesbahn von einer Reaktivierung der Strecke träumte, wurde der Bahnübergang sogar noch mit großem Aufwand saniert. Dies war ebenso vergeblich wie der geplante Schwellenaustausch am Tälesbahnhof (heute Jugendhaus und Seniorenheim). Der mit viel Herzblut und großem finanziellen Aufwand betriebene Versuch, ein Stück Geislinger Eisenbahn zu erhalten, scheiterte jedoch kläglich, zumal es bei der Stadtverwaltung kaum Befürworter gab und zudem kein Unternehmen entlang der Strecke Interesse am Güterverkehr zeigte, der zur Finanzierung des Vorhabens notwendig gewesen wäre.

Der einst von der Eisenbahn ausgelöste Industrialisierungsschub war abgeebbt.

Von der vormals florierenden Textilindustrie im Filstal ist nichts mehr übrig, die MAG („Heidelberger-Druckmaschinen") ist nach Amstetten abgewandert und die WMF, die ein großes Logistikzentrum am Containerbahnhof Beimerstetten errichtet hat, benötigte ihr Industriegleis an der Nebenbahn nicht mehr. Ebenso verschwunden sind weitere Industriegleise, die an die Tälesbahn angeschlossen waren: zum einstigen Gaskessel (vorbei an Handwerker-Center Hagmeyer und der chemischen Fabrik Bihler) sowie zum Sägewerk Staudenmaier auf dem heutigen Edekamarkt-Gelände an der Heidenheimer Straße - und in den Neuwiesen zum einstigen Bergwerk, das 1962 stillgelegt wurde. Das dort gewonnene Eisenerz wurde nämlich mit Güterwaggons abtransportiert, die über eine Gleis-Anlage im Eybacher Tal in beide Richtungen der Hauptstrecke eingefädelt werden konnten. Zu diesem Kehrbahnhof, dessen viergleisige und elektrifizierte Trasse bis etwa zum heutigen Eybacher Sportplatz reichte, wurden hohe Erddäm-

Mittelpunkt zwischen Paris und Wien: Knoll-Denkmal ein bisschen verborgen auf der Steige - lange vernachlässigt, aber zum 175jährigen Jubiläum wieder aufpoliert.

me für die Gleisbögen aufgeschüttet. Noch heute zeugt der Spazierweg vom Umspannwerk zum Bahnhof vom südwärts führenden Anschluss.

Der andere Gleisbogen ist durch Bebauung (heute Respofit-Areal) größenteils verschwunden.
Dass die Landstraße schnurgerade nach Eybach führt, ist der alten Trasse des Kehrbahnhofs zu verdanken. Übrig geblieben ist auch der schmale Durchlass unter der Bahnlinie (bei der Autowaschanlage), durch den der Kehrbahnhof Eybtal mit der

Inserat zum 100-jährigen Steige-Jubiläum - als sich die WMF noch eng mit Geislingen verbunden fühlte.

Tälesbahn verbunden war. Während des Zweiten Weltkriegs kam dem Kehrbahnhof noch eine weitere Bedeutung zu: An sie war offenbar eine Feldbahn angeschlossen, mit der die Baustellen für vier Bunkeranlagen bedient wurden, die in den steil aufragenden Berg (zwischen TG-Stadion und Reiterverein) getrieben worden waren, um Rüstungsindustrie anzusiedeln. Doch das Kriegsende stoppte das begonnene Vorhaben. Drei halbfertige Bunker wurde von den heranrückenden US-Truppen gesprengt, ein dritter (Rubin genannt) diente später einem Unternehmer als Pilzzucht. Dieser Bunker wurde erst 2019 mit Beton verfüllt.

Die verwaisten Gleise hatten Anfang der 1950er-Jahre noch zu Überlegungen geführt, Eybach mit einem Triebwagen ans Bahnnetz anzuschließen. Doch eine solch kurze Nebenbahn-Strecke kam aus wirtschaftlichen Gründen nicht zustande. Die Demontage von Gleis und Strommasten zog sich bis 1958 hin. Lange Zeit war die schnurgerade Geländewunde aber noch erkennbar - bis zum Bau der neuen Landstraße.

Zur Geislinger Eisenbahnvergangenheit kann auch Amstetten gezählt werden, denn dort ist ein Knotenpunkt entstanden: einerseits eine Nebenbahn nach Gerstetten, andererseits nach Laichingen (als

Schmalspurbahn). Die Strecke nach Gerstetten haben sich die Ulmer Eisenbahnfreunde für Museumsfahrten gesichert; ebenso - zur anderen Seite hin - noch von der Strecke nach Laichingen ein Reststück bis Oppingen.

Eine Besonderheit sei noch am Rande erwähnt: Weil die MAG, als sie noch in Geislingen war, mit Eisenbahnwaggons angedient wurde, es aber in der oberen Stadt keinen Platz für ein Industriegleis gegeben hatte, wurden die monströsen Güterwaggons auf Straßenrollern (vielachsige tiefladende Anhänger) auf der Straße hergeschleppt: vom Tälesbahnhof über Fabrikstraße und dem Wilhelmsplatz zur Gartenstraße.
Ein ähnliches Ansinnen hatte einst auch der Eybacher Tank-Hersteller Süd-Tank geltend gemacht, der schweres Material auf der Straße beförderte. Doch als Ende Mai 1968 die Fahrt eines Straßenrollers vom Tälesbahnhof nach Eybach getestet wurde, lehnte das Ordnungsamt schon einen Monat später ab. Begründet wurde dies unter anderem mit der Eybbrücke in der Eybacher Straße, die für solch schwere Lasten nicht ausgelegt sei.

Ausgangspunkt für Alb-Überquerung

Die Bedeutung Geislingens als Ausgangspunkt für die Albüberquerung kann nur ermessen, wer sich mit der Geschichte auseinandersetzt. Wie die Situation bei-

Und wieder mal wurde gefeiert: 50 Jahre elektrischer Zugbetrieb

spielsweise ums Jahr 1910 war, also rund 60 Jahre nach der Eröffnung der Geislinger Steige, lässt sich am besten am 18 Meter langen Steige-Modell er- kennen das im Heimatmuseum im Alten Bau zu sehen ist. Gebaut wurde es von Friedrich Welle und weite ren engagierten Bürgern anno 2000 anlässlich des 150-jährigen Steigejubiläums. In Miniaturform kann man die ingenieurs-technische Leistung der Planer und Arbeiter nachvollziehen.

Das damalige Jubiläum wurde ganz groß gefeiert: Mit Dampfzug-Sonderfahrten und begleitenden Veranstaltungen, ein Wochenende lang. Rückblickend hieß es, man habe das Fest „in vollen Zügen" genossen. Rund 40 000 Besucher wurden geschätzt, allerdings weniger als ursprünglich erhofft. Sogar ein Kunstwerk hat die triste Stützmauer zur Schlosshalde geziert: Der in Berlin lebende Künstler Man-

Beim „Katzenloch": Der alte Lokschuppen kurz vor dem Abbruch

fred Pernice durfte dort die Wandarbeit mit dem euphorischen Titel: „Verkachelte Polster '00" anbringen (wobei „00" vermutlich für die Jahreszahl 2000 stand). Dass die heutige Bahn AG für diese angeblich „grandiose" Idee zur angeblichen Verschönerung der hässlichen Stützmauer sogar noch im Januar 2001 von der Stadt Geislingen eine finanzielle Beteiligung forderte - „maximal zehntausend Mark", sagte der damalige Bürgermeister Gerhard Engler - das stieß den Stadträten unangenehm auf, zumal es auch keine Tafel gab, auf der die Bedeutung des Kunstwerks erläutert wurde.

Was, zugegebenermaßen, wie die Ausstellung eines Fliesenlegers daher kam, lag 2021 plötzlich zerschlagen am Boden. Nein, es war kein Vandalismus, sondern offenbar die Unkenntnis von Bahnbediensteten, die sich der Bedeutung des Kunstwerks nicht bewusst waren und die Wandkacheln „aus Sicherheitgründen", wie es hieß, kurzerhand sang- und klanglos von der Wand schmetterten. Seitdem hängen nur noch die Betonformen sinnlos an der Wand.

Die Bedeutung der Steige für den Tourismus wurde erst nach und nach entdeckt: 2015 legten Ehrenamtliche im Rohrachtal einen Rundwanderweg an. Zur Einweihung war damals sogar Ministerpräsident Wilfried Kretschmann gekommen. Vom Forstweg oberhalb der Steige (zwischen Ödenturm und Amstetten) ist seitdem ein Abstieg zum Denkmal für den Steige-Erbauer Michael Knoll (übrigens ein Enkel des einstigen Bürgermeisters von Oberböhringen) ausgewiesen. Vorsicht, aber: der Abstieg ist steil und erfordert Trittsicherheit. Unten, direkt neben den Gleisen, trifft man auf lange Zeit wenig Attraktives, denn die gut gemeinte Idee, zum Steige-Jubiläum im Jahre 2000 den verwahrlosten Springbrunnen zu sanieren, ist offenbar gescheitert. Zum Jubiläumsjahr 2025 hingegen hat man mit Unterstützung des Göppinger Gleisbau-Unternehmens Leonhard Weiss deshalb einen neuen Anlauf unternommen, um die Denkmal-Anlage wieder zu verschö nern und Wasser sprudeln zu lassen. Wesentlich verbessert hat sich der Abstiegs aber wohl kaum. Und die Knoll-Büste kann man ohnehin beim Zentralen Omnibusbahnhof bequemer besichtigen; dort ist ein verkleinerter Abguss angebracht.

 Grund zum Feiern hatte man im Juni 2000 allemal: Obwohl am Planungshorizont längst die Idee für eine neue, vor allem schnellere, jedoch anfangs als utopisch betrachtete Trassenführung über die Alb aufgezogen war, galt die bisherige Filstalstrecke durch Geislingen weiterhin als wichtige Bahnverbindung. Der Güterbahnhof hatte lange Zeit als Umschlag platz große Bedeutung: Im November 1976 war von

täglich 60 Güterwagen die Rede, die aus- und wieder
beladen wurden - mit 55 Tonnen Frachtgut. Um der-
artigem Ansturm gerecht zu werden, hatte man be
reits 1957 ein altes Güterabfertigungsgebäude abgebrochen und gegen jenes ersetzt, das inzwischen

Auf dem Gelände der Lokschuppen ist
Wohnbebauung entstanden - hinter einer hohen
Lärmschutzwand.

dem „Zentralen Omnibusbahnhof" geopfert wurde.
Übrigens: sogar am Tälesbahnhof gab es eine Güter-
abfertigung, deren Notwendigkeit jedoch schon in
den 1950-er Jahren angezweifelt wurde.

Noch bis zum Jahre 2001 war er aber als Tarifpunkt im Güterverkehr verzeichnet.

Das Jahr 1931 gilt als jenes, in dem das Ende des Dampflok-Zeitalters in Geislingen eingeläutet wurde - nämlich mit dem Baubeginn für die Elektrifizierung. Am 2. Mai 1933 hat auf der Strecke das elektrische Zeitalter begonnen: Morgens um sieben Uhr wurde damals der Hauptschalter im „Unterwerk Plochingen" umgelegt - und fortan stand der Fahrdraht von Stuttgart über Ulm nach München unter Strom.

Zum 50jährigen „Stromjubiläum" gab es 1983 in Geislingen und Amstetten ein „Volksfest". Nun war der Gleiswechselbetrieb möglich. Dank neuer Signaltechnik können seither die Züge parallel in die gleiche Richtung fahren - was jedoch eher selten und insbeondere nachts zu sehen ist.

Nach und nach verlor auch das Geislinger Bahnbetriebswerk mit den verrußten Lokschuppen seine Bedeutung, wo noch bis zuletzt die Dampfloks (später waren es Dieselloks) gewartet wurden) - auch die Loks der Nebenbahn Geislingen-Wiesenteig (bis 1965). Wo Damfloks wie in einer Parade an einer Drehscheibe aneinandergereiht standen, wurden später nur noch Waggons abgestellt.

An das Dampflok-Zeitalter mit ihren schnaubenden
und rußenden Ungetümen, die wild fauchend am Geislinger Altstadtkern entlang die Steige erklommen,
hatte man sich über Jahrzehnte hinweg gewöhnt.
Dass Rußpartikel durch die Luft waberten und sich
auf Dächer, Autos und Wäsche legten, gehörte mehrere Jahrzehnte lang zum Alltag. Als Mitte der
1970er-Jahre der Turm der Stadtkirche saniert
wurde, fanden sich an deren Tuffsteinen noch immer
Rußreste - entweder vom Dampflok-Zeitalter oder
von der nahen MAG.

Das Betriebswerk für die Loks sowie eine „Bekoh-
lungsanlage" hatten am Eingang zum sogenannten
Katzenloch eine große Fläche in Anspruch genommen.
Heute sind dort auf einem kleineren Areal (gegenüber dem Stellwerk) Parkplätze angelegt. Daran an-
grenzend entstanden seit 2021 Wohnhäuser, die
durch eine acht Meter hohe Schallschutzwand von
den Bahnanlagen getrennt sind.

Das Passagieraufkommen hatte Anfang des vorigen
Jahrhunderts insbesondere durch den starken Be-
rufsverkehr (viele Arbeiter zur WMF) stark zuge-
nommen, so dass 1916 der Bahnhofssteg und 1932
im Zuge der Elektifizierung die Unterführung zu den
Gleisen gebaut wurden. Dringend geboten erschien

es dann 1952, auf dem Vorplatz des Bahnhofs die
sogenannte Segmentdrehscheibe zu beseitigen, mit
der die Lok der Tälesbahn auf ein Parallelgleis ver-
setzt werden konnte - für die Züge nach Wiesensteig, deren separater Bahnsteig sich dort befand.

Als die Automatisierung voran schritt, kamen die
rasanten Veränderungen. Die 19 Bahnwärterhäuschen entlang der Strecke zwischen Geislingen West
und Amstetten (sie waren nummeriert von „Posten
63" bis „Posten 82"), wurden nicht mehr benötigt.
Moderne Technik machte die Häuschen der Blockstellen (zur Betätigung der Signale) überflüssig. Anfang der 1970er-Jahre begann der Abbruch, worauf
unter anderem vier Bahnwärterhäuschen oberhalb
des „Weißen Wegs" (gegenüber Geiselstein) und
beim Knoll-Denkmal der Spitzhacke zum Opfer fie-
len. Zuletzt hatten die Bahnwärterhäuschen nur
noch als Wohnung für Bahnbedienstete gedient, die
für Pflege und Wartung der Gleise und des Bahnge-
ländes verantwortlich waren und während des Zweiten Weltkriegs auch den Schutz vor Sabotage hatten gewährleisten müssen. Jetzt sind im Bereich
Geislingen nur noch zwei solcher Häuschen beim Te-
gelberg erhalten.

Auf der idyllischen „Schwäb'schen Eise'bahn" ist
nach und nach viel verschwunden. So auch die 1907
eingeführte Bahnsteigsperre, mithilfe derer der

Zutritt zu den Bahnsteigen kontrolliert wurde. Nur wer eine Fahrkarte oder eine Bahnsteigkarte vor weisen konnte, durfte sie passieen. Während eine solche Einrichtung in der Schweiz bereits in den 1950er-Jahren abgeschafft war, blieb sie in einigen Teilen Deutschlands noch erhalten, wie etwa in Hamburg bei U-Bahn.

Schwieriger Weg: Von 1970 bis 2022

An der Steige wird oft saniert - wie jüngst zur Stabilisierung der Damms oberhalb der Bundesstraße

Wer hätte jemals gedacht, dass die Trasse, die 2025 bereits 175 Jahre alt ist, so schnell zumindest teilweise durch eine Neubaustrecke abgelöst werden würde?

Von „schnell" kann natürlich nicht wirklich die Rede sein. Schnell ging nur das Bauen zwischen Wendlingen und Ulm. Was noch im Jahr 2000, als beim damaligen 150-jährigen Steigejubiläum die Neubau-Pläne angesprochen wurden, von manchen als utopisch abgetan worden war, befand sich damals bereits auf dem Weg zur Realisierung. Allerdings nahm die Planungsphase noch etliche Zeit in Anspruch.

Wie ernst es mit einer Neubaustrecke gemeint war, hatte die Bahn bereits 1986 bei einer eigens dazu einberufenen Pressekonferenz deutlich gemacht. Doch die Idee, die Fahrzeit zwischen Stuttgart und Ulm zu verkürzen, geisterte offenbar schon seit dem Jahr 1970 durch die Chefetagen der Bahn. So jedenfalls ist es alten Zeitungen zu entnehmen. An eine neue Linienführung war noch nicht zu denken. Dazu hatte es vielerlei Varianten gegeben. Zum Beispiel: Einen Tunnel von Plochingen bis Ohmden, dann nördlich an Zell u. A. und Heiningen vorbei, zwischen Manzen und Ursenwang hinüber zur alten Strecke bei Salach oder Süßen. Ab Süßen in einen Tunnel unter der Kuchalb hindurch bis Beimerstetten, nur unterbrochen von einer Brücke übers Eybacher- oder

Roggental. Entsprechende Probebohrungen zur Erkundung des Bergs hat es dazu an vielen Stellen gegeben.
Weil diese Variante ab Beimerstetten in Richtung Günzburg abgedreht hätte, ging man in Ulm wieder auf die Barrikaden: Dort wollte man nicht vom Fernverkehr abgehängt werden. Schließlich hatte sich Ulm bereits vor über 175 Jahren bei der damaligen Streckenplanung erfolgreich gegen eine Trasse gewehrt, die an der Stadt vorbeigegangen wäre.
Und in Eybach ging die Angst um, im engen Tal von den schnell über eine Brücke brausenden Zügen lärmbelästigt zu werden.

Alles war in den 1970er- und 1980er-Jahren noch ziemlich ungewiss: Rund 80 Varianten wurden gegeneinander abgewogen; sogar ein drittes oder viertes Gleis durchs Filstal war angedacht. Zumindest bis Göppingen sollte es von Stuttgart her vier Gleise geben, schlug der Göppinger Landrat Dr. Paul Goes vor, worauf Kommunalpolitiker flugs eine Besichtigungsfahrt per Zug machten, um sich ein Bild davon zu verschaffen, welche Schneise in die Gebäudereihen entlang der Strecke hätte geschlagen werden müssen.
Doch die Planung für eine Neubaustrecke sollte mit Volldampf vorangetrieben werden, hieß es. Ein

Raumordnungsverfahren wurde für 1987 oder 1988 anvisiert - ein Baubeginn vielleicht für 1990. Das war aus heutiger Sicht in der Tat utopisch.

Dass Ende Mai 1988 zum letzten Mal ein sogenanntes deutsches Krokodil (grüne E-Lok) der Deutschen Bundesbahn durch Geislingen fuhr und bald auf dem Schrottplatz landen sollte, hatte damit natürlich nichts zu tun, sondern nur mit veränderter Technologie. Und auch, dass im Oktober 1994 der letzte Geislinger Bahnhofsvorsteher abgezogen wurde, hatte andere Gründe. Die junge „Deutsche Bahn AG" wollte sich verschlanken - was bis zum heutigen Tag gewiss nicht zum Besten für die Kunden war. Übrigens: Für private Bahn-Unternehmen, wie die Firma

Smart-Rail, ist gelegentlich an Kesselwagen-Zügen wieder ein Krokodil unterwegs.

Wie kompliziert es im Gegensatz von vor 175 Jahren war, eine Streckenführung für die Schnellbahn über die Alb zu finden, wird bei einem Blick auf die Chronologie der Planung deutlich. 1985 war klar, dass das damals in Bau befindliche moderne Streckennetz weiter in Richtung Südosten ausgeweitet werden und der Stuttgarter Kopfbahnhof durch einen Durchgangsbahnhof ersetzt werden sollte. Grundlage dafür waren insbesondere die Pläne zweier Architekten. Ernst Krittian, früherer Chefplaner der Bahn, wollte jedoch anfangs noch den Kopfbahnhof erhalten und die Trasse durchs Filstal führen (sogenannte K-Trasse), favorisierte aber im Verlauf der Diskussionen eine autobahnnahe Trasse. Verkehrswissenschaftler Gerhard Heimerl hingegen schlug - darauf aufbauend - für Stuttgart einen unterirdischen Durchgangsbahnhof vor, um die Trasse dann autobahn-nah Richtung Ulm weiterzuführen (H-Trasse). Dafür sprach sich der Landtag 1999 aus, fasste aber erst 2006 im Zusammenhang mit „Stuttgart 21" den Grundsatzbeschluss.

Bei eine Volksabstimmung war es übrigens nur um das Projekt „Stuttgart 21" gegangen - also nicht um die Neubaustrecke. Dabei war der Ausstieg aus der

Modern und sauber: Der Bahnhof Merklingen/
Schwäbische Alb

Finanzierung dieses Bahnhofsprojekts mit 58,9 Prozent der Stimmen abgelehnt worden.
Die Fragestellung freilich war nicht ganz einfach
gewesen: wer das Bahnhofsprojekt ablehnen wollte,
musste mit „ja" stimmen. Denn es war gefragt worden, ob aus dem strittigen Bahnhofsprojekt ausge-
stiegen werden sollte.
Für den Bau der Neubaustrecke erfolgte am 7. Mai
2012 bei Dornstadt der offizielle Spatenstich.
,Im Bereich Geislingen freilich, so schien es, wurde
das Projekt eher nur am Rande wahrgenommen,

wenngleich vereinzelt kritische Stimmen zu vernehmen waren, die einst große Eisenbahnerstadt könnte in den Verkehrsschatten der Eisenbahn geraten.

Neue Schwäb'sche Eise'bahn

Von der breiten Öffentlichkeit in Geislingen also nur am Rande bemerkt, ist in Luftlinie rund 15 Kilometer westlich eine Konkurrenz zur einstigen großen Eisenbahnerstadt entstanden. Und zwar so schnell, wie es die anfangs lahme Planung nicht hätte erwarten lassen. Zwischen erstem Spatenstich und Inbetriebnahme der Neubaustrecke Wendlingen-Ulm sind nur neuneinhalb Jahre vergangen. Für 60 Schienenkilometer (inklusive zwölf Tunnel und 32 Brücken.) eine beachtliche Leistung.
Mit Tempo 250 km/h sollen alle ICEs über die Alb hinwegbrausen. Trotz vieler Tunnel wird das Mittelgebirge jedoch nicht wirklich unterquert: die Bahn steigt von 271 Meter Meereshöhe bei Wendlingen am Neckar zum höchsten Punkt bei Hohenstadt (746 Meter Meereshöhe) hinauf, um von dort zum Ulmer Hauptbahnhof wieder auf 478 Meter Meereshöhe zur Donau abzufallen. Insgesamt sind das - auf die

Gesamtstrecke gesehen - sogar 170 Meter Höhendifferenz mehr, als auf der alten Filstalroute. Trotzdem geht es entlang der Autobahn rund 15 Minuten schneller zwischen Stuttgart und Ulm. Ein Zeitgewinn von einer Viertelstunde und durch vier lang Tunnel: Albvorland bei Kirchheim (8176 Meter), Boßler (8806 Meter), Steinbühl (4847 Meter) und Albabstieg nach Ulm (5940 Meter,
Auf der alten Strecke wurden die Züge insbesondere von der Geislinger Steige und dem engen Gleisbogen um Geislingen herum ausgebremst.

Während der Bauzeitenplan am Stuttgarter Hauptbahnhof durcheinander kam, ging's auf der Neubaustrecke Schlag auf Schlag: Dem ersten Spatenstich im Mai 2012 bei Dornstadt folgte am 19. Juli 2013 die „Anschlagfeier" des Steinbühltunnels bei Hohenstadt, der aus Sicht der Ingenieure als Herzstück der Strecke galt.

Zwischen diesem Tunnel und dem jenseits des oberen Filstals hervorkommenden Boßlertunnels (vom Aichelberg her) wurde 2015 mit dem Bau der Filstalbrücke begonnen - der dritthöchsten Eisenbahnbrücke Deutschlands (85 Meter hoch und - da zwei separate Brückenteile - 485 und 472 Meter lang) . Der Lückenschluss zwischen den beidseits des Tales vorgetriebenen Betonteilen erfolgte am 27. Oktober 2021. Damit war gut ein Jahr vor der Inbetriebnahme eine vollständige direkte Schienen verbindung zwischen Wendlingen und Ulm vorhanden. Wer mit dem Regionalexpress über die Brücke fährt, muss schnell schauen: in etwa acht Sekunden ist alles vorbei.

Parallel zum Brückenbau war bereits am 12. Dezember 2018 entlang der Strecke der erste von 800 Oberleitungsmasten montiert worden. Und die erste Oberleitung wurde dann am 3. November 2020 installiert.
Während all diese Arbeiten am Laufen waren, im Voralbgebiet Brücken gebaut und weitere Tunnel mit Bohrmaschine, bzw. bergmännisch entstanden sind, wurden auf der Laichinger Alb die Zeichen der Zeit erkannt. So wie einstens vor über 150 Jahren der Bahnbau durchs Filstal einen wirtschaftlichen Aufschwung beschert hatte, so könnte es ja auch auf der Albhochfläche geschehen. Also trommelten die Bürgermeister, insbesondere jener von Laichingen, die umliegenden Kommunen zusammen, um das zu diesem Zeitpunkt schier unmöglich Erscheinende anzuleiern: Einen Bahnhof in Merklingen.
Keinen für die schnellen ICEs, aber für einen schnelle Regionalverkehr zwischen Ulm und Stuttgart.

Das finanzielle Risiko für eine Beteiligung wollten zunächst nur Laichingen, Merklingen, Nellingen, Hohenstadt, Westerheim, Heroldstatt, Drackenstein und Berghülen eingehen. Später erkannten auch Bad Ditzenbach, Mühlhausen, Wiesensteig und Dorstadt die Vorteile eines nahe gelegenen Bahnhofs. Sie alle gehören nun dem eigens gegründeten Zweckverband Region Schwäbische Alb an, der am 2. Dezember 2016 mit Bahn und Land einen Vertrag zur Errichtung des Merklinger Bahnhofs schloss.
Sechs Jahre später würde Baden-Württembergs Ministerpräsident Wilfried Kretschmann bei der Einweihung sagen, die Älbler hätten dem Landes-Verkehrsminister Winfried Hermann mit der Bahnhofsidee „einen Floh ins Ohr gesetzt." Und der Minier habe dann ihm, Kretschmann, den selben Floh in Ohr gesetzt. Was damit gemeint war: Die Beharrlichkeit der Kommunen war von Erfolg gekrönt. Im letzten noch möglichen Moment konnten sie „ihren" Bahnhof durchsetzen. Am 30. März 2019 wurde der Grundstein dazu gelegt.

Mit dem Bahnhof „Merklingen - Schwäbische Alb" wurde ein neues Kapitel für die Schwäb'sche Eise'-bahn geschrieben. Natürlich nicht ganz so idyllisch wie einst, denn heute geht kein „Bäuerle" mehr „an da Schalter, lupft da Hut" und sagt: „A Billetle, sent S' so guat." Geschweige denn, dass es erlaubt wäre, einen „Goißbock"- wie im Lied besungen - „an da hendra Waga" hinzubinden.

Heute gilt es, einen modernen Ticket-Automaten zu bedienen. Allerdings ist der Tarifdschungel nur schwer zu verstehen: Richtung Ulm gilt das DING-Ticket, nach Stuttgart jedoch das VVS-Ticket nicht. Dahin bedarf es ein Einzel- oder das BaWü-Ticket.

Dafür kann man derzeit (Stand Ende 2024) bis spät in die Nacht zu jeder 39. Minute nach Ulm, beziehungsweise 40. Minute nach Wendlingen in einen der Regionalzüge steigen, die sich hier begegnen. Allerdings: Will man - dem schwäbischen Eisenbahn-Liedle folgend - nach Biberach und „Meckabeura", muss man in Ulm umsteigen. Aber den Haltepunkt Durlesbach, wie im Lied besungen, hat die Bahn längst gestrichen. Dafür steht dort ein Museumszug (allerdings bestehend aus einer polnischen Dampflok von 1948 und Waggons aus Österreich und der Schweiz) eine herrliche Figurengruppe, mit der die im Lied besungene Situation vom „Bäuerle" und seinem Goißbock dargestellt wird. Gegossen übrigens von einer Firma aus dem Filstal (Kunstgießerei Strassacker in Süßen). So gesehen bleibt das Filstal weiterhin eng verbunden mit der Schwäb'schen Eise'bahn.

Knotenpunkt am Ende der Steige

Überbleibsel von militärischer Nutzung:
Unzählige solche Hallen stehen im Wald.

Für die Eisenbahn waren die Berg- und Talfahrten auf der Geislinger Steige eine Herausforderung. Auf der Anhöhe bei Amstetten hat sich sogar ein richtiger Knotenbahnhof entwickelt. Das ländliche Umfeld sollte ebenso an das Schienennetz angeschlossen werden, wie einige Betrieb; später kam sogar ein geheimnisvolles Militärgelände dazu.

Was heißt „Ammenau"? Genaues darüber lässt sich nicht ergründen. Eisenbahn-Redakteur Korbinian

Fleischer weiß nur, dass es sich um einen Codenamen für das Tanklager der Wissenshaftlichen Forschungsgesellschft mbH (Wifo) in Amstetten handelte und dass sich die Anlage dazu im dortigen „Deutschen Wald" befand, also versteckt im Bereich Richtung Stubersheim. Dorthin zweigt nämlich seit den 1930er-Jahren ein Gleis von der Gerstetter Bahn ab. Hinter dem Begriff „Wifo", einem Unternehmen der Wehrmacht, verbarg sich offenbar nicht nur ein Tanklager, sondern auch die geheim gehaltene Forschung an Waffen und Kampfstoffen. Belastbare Archive oder Unterlagen dazu gibt es nach Angaben Fleischers jedoch selten. So viel weiß er aber: Es habe landesweit mehrere solche Anlagen gegeben, wobei der erste Buchstaben des Codennames stets auf den Standort bezogen gewesen sei. „A" also in diesem Fall für „Amstetten". Noch heute befänden sich dort große Tankanlagen. Man könne davon ausgehen, dass sich die Forschung in Amstetten um Treibstoffe (auch mit Rohöl) gedreht hat. Nach dem Zweiten Weltkrieg hat die Bundeswehr dieses im Wald getarnte und mit Bunkern versehene Tanklager übernommen. Mehr als 40 massive Hallen kamen dazu. Damit war die Bundeswehr ein guter Güterfracht-Kunde für die vorbeiführende Eisenbahnlinie. Diese Trasse ist inzwischen im Besitz des Vereins „UEF Lokalbahn Amstetten-Gerstetten

Die Steige kurz vor der Anhöhe - bei der Ziegelhütte. Einstens hat die B 10 hier oben auf einer Brücke die Bahn im rechten Winkel überquert.

e.V.", einer eigenständigen Ausgliederung aus den Ulmer Eisenbahnfreunde (UEF).

Eine zeitlang diente das Areal einer Sand- und Kiesverladung als Lagerfläche.

In dem weitläufigen Gelände, dessen Betreten nach wie vor verboten ist, befinden sich jede Menge bunkerartige Befestigungen, in denen verrostete Tanks und unzählige Rohrleitungen auf eine geheimnisvolle Nutzung schließen lassen: außen umgeben von dichtem Bewuchs, irgendwo auch abgestellte alte Omnibusse - und ein abgetakelter, nicht mehr auf Schienen stehender Schnellzugwaggon, an dem Feu-

Rollbock für Schmalspur: In Amstetten mussten
Güterwaggons für die Weiterfahrt Richtung
Laichingen auf so ein Gestell „umgegleist" werden.

erwehren offenbar die Evakuierung üben können. Ein
„Lost-Places", wie man zu sagen pflegt. Ein verlore-
nes Gelände.

Zu den Folgebetrieben des einstigen Tanklagers der
Wehrmacht gehörte auch ein Kesselwagen-Repara-
turbetrieb, der direkt am oberen Auslauf der Geislinger Steige angesiedelt war.
1951 wurde der Unternehmensstandort „Tanklager-
Kesselwagen- und Tankschiffbetriebe" (VTG) in Am-

stetten gegründet. Inzwischen ist dieser Standort ebenso verschwunden, wie das dortige „Montenovo"-Werk, ein Baustoffhersteller, der sein Material aus dem Steinbruch bezog, der sich in Richtung Wittingen befand (wo es noch immer eine Siedlung namens „Steinbruch") gibt.
Ein anderer Steinbruch wurde östlich von Amstetten in Richtung Stubersheim betrieben, der
über ein Gleis an die Hauptstrecke der Bahn ange-schlossen war.

Dort ist in alten Dokumenten auch ein Gütertarif-punkt aufgeführt, der auf eine Frachtgut-Adresse nverweist, die sich auf ein dortiges Sägewerk bezog. Außerdem belegt ein noch vorhandener Fracht-brief, dass für diesen Steinbruch auch Sprengstoff angeliefert wurde.

Insofern wird deutlich, dass Amstetten einst ein interessanter Bahnknoten war. Es gab aber nur ein einziges Stellwerk, das die Hauptbahn bediente. Die Nebenbahnen hingegen wurden privat betrieben (Württembergische Eisenbahngesellschaft) und wa-ren signaltechnisch nicht mit der Signaltechnik der Staatsbahn verbunden (auch heute nicht).
Insgesamt mussten also in Amstetten beschrankte Bahnübergänge, Signale und Weichen nur für die Hauptstrecke bedient werden. Und weil die Strecke nach Laichingen schmalspurig war, bedurfte es einer

umständlichen Prozedur: Ankommende Güterwaggons mussten für die Weiterfahrt nach Laichingen auf entsprechend breitere Fahrgestelle aufgeladen werden. Diese nannt man „Rollböcke" - im Gegensatz zu Rollwagen", wie sie zum Beispiel bis heute bei der Zillertalbahn zum Einsatz kommen.

Bunker - oder was?

Seltsames Bauwerk in der Nähe des Geislinger Bahnhofs. Vermutlich ein Einmann-Bunker.

Ein seltsam anmutendes Bauwerk erhebt sich jenseits des Geislinger Bahnhofs an der Schlosshalde. Es sieht aus wie der Teil eines größeren, aus Back steinen hergestellten Kamins. Doch es war nicht - wie man denken könnte - ein Wasserspeicher für dieDampfloks.

Eine solche Zapfstelle gab es entlang der Gleise. Was seit geraumer Zeit für Rätsel sorgt, kam erst wieder ans Tageslicht, als an der Böschung zur Schlosshalde hin ausgeholzt wurde. Was es tatsächlich ist, darüber gibt es offenbar keine offiziellen Akten. Deshalb liegt auch der Verdacht nahe, dass es aus Kriegszeiten stammen und ein sogenannter Einmannbunker gewesen sein könnte. Denn gerade gegen Ende des Kriegs soll es solche schützende Unterstände gegeben haben.
Es ist also davon auszugehen, dass dieses seltsame Gebäude für Mitarbeiter des nahen Bahnhofs oder des Stellwerks genutzt wurde. Sie hatten somit bei Fliegerangriffen nur einen kurzen Weg, um sich in Sicherheit zu bringen. Im Übrigen soll es auch südlich des Bahnhofs einen größeren Luftschutzbunker gegeben haben.

Was ist bloß aus dieser Eisenbahn geworden?

Eine Eisenbahn quer über die Schwäbische Alb -
das waren gravierende Einschnitte in die Natur,
wie sie heutzutage jahrelange Genehmigungs-
verfahren nach sich ziehen würden. Vor 175
Jahren hingegen zählte nur eines: Fortschritt,
Aufschwung, Industrialisierung. Man kann sich
vorstellen, wieviele Feld- und Waldwege ge-
kreuzt, Wiesen- und Ackerland durchschnitten
und Übergänge mit Schranken, Blinklichtern und
Signalanlagen gesichert werden mussten.

Mechanisches Stellwerk: So wurden Signale und
Weichen bedient.

Blick auf das Steige-Modell im Geislinger Heimatmuseum: zu sehen ist der Bahnübergang Richtung Weiler („Katzenloch"), wo die Schranken oft sehr lange geschlossen waren. Links der Mitte die Drehscheibe mit Lokschuppen.

Nicht überall konnten Brücken oder Tunnel gebaut werden. Hohe Dämme wurden aufgeschüttet, um Täler zu überwinden - ohne dass jemand an die Veränderung des Kleinklimas oder die Zerstörung des Lebensraums für Tiere und Menschen gedacht hätte. Beschrankte und unbeschrankte Bahnübergänge gab es zuhauf. Und niemand hat wohl Statistik über die Unfälle geführt, die jedoch eher seltener vorkamen.

Um die Sicherheit zu gewährleisten, war die Eisenbahn einstens ein personalintensiver Betrieb. An belebten Straßenübergängen gab es Schrankenwärter und entlang der Strecke jede Menge Bahnwärterhäuschen für all jene, die für den geordneten Ablauf und die Überwachung des Schienenverkehrs verant wortlich waren. An Funk war gar nicht zu denken - und telefonische Verbindung zu den Stellwerken oder Bahnhöfen gab's erst ab den 1890er Jahre.

An sogenannten Blockstellen musste die Vorbeifahrt eines Zuges notiert und an die nächste Stelle weitergegeben werden. Nicht selten saßen diese Blockwärter mutterseelenallein in kleinen Stellwerk-Häuschen, Tag und Nacht und im Schichtdienst. Eines dieser hüttenartigen Unterkünfte befand sich ungefähr in der Mitte der Geislinger Steige: die Blockstelle Knoll (Posten 79/80).

Signale konnten noch lange Zeit nicht per Knopfdruck elektrisch verstellt werden, sondern nur mit Hilfe großer „Stellhebel", die auf eine weite Strecke hinweg eine mechanische Betätigung per Drahtseile ermöglichten.

Weil es in den Anfangsjahren keinen elektrischen Strom gab, erfolgte die Beleuchtung der Signale über offenes Feuer, also mit Gas gespeisten Flammen in Glaszylindern, die bei Einbruch der Dämmerung über eine besondere Vorrichtung an

den Signalen hochgezogen werden mussten. Die Mechanik sorgte dann dafür, dass je nach Stellung des Signals die Flamme durch ein rotes oder grünes Glas schimmerte. Bei heftigem Sturm konnte es allerdings vorkommen, dass das Feuer ausgeblasen wurde. Dann stoppten die Lokführer ihre Fahrt und machten mit einem Pfeifton auf das Problem aufmerksam. Dies war das Zeichen für den Verantwortlichen im nahen Bahnwärterhäuschen, bei

Die Eisenbahn-Zukunft in Geislingen: Der französische TGV.

Wind und Wetter rauszugehen und das erloschene Licht wieder zu entfachen. Auch heute gibt es im Ausland noch vereinzelt Strecken, an denen Signale auf diese Weise beleuchtet werden. Weil in ländlichen Bereichen die Eisenbahntrasse unzählige Feldwege zerschnitten hat, waren allerorts Schranken angebracht, die nur bei Bedarf geöffnet wurden (ist bei Beimerstetten im Gewann „Gurgelhau" noch immer so). Dies bedeutet, dass der landwirtschaftliche Fuhrwerkslenker (oder heute auch Radfahrer und Fußgänger) eine dort angebrachte Sprechanlage benutzen und um Öffnung der Schranken bitten müssen. War ein Bahnwärters häuschen in der Nähe, wie etwa beim Posten 88 zwischen Urspring und Lonsee, oblag es bisweilen auch den dortigen Bewohnern, diese Aufgabe zu übernehmen. Falls die erlaubte Querung der Gleise

bei einem Pferde- oder Ochsengespann ins Stocken geriet, hatten die Verantwortlichen für die Schranke vorsorglich Gefahrenschilder und Knallkörper parat, mit denen sie im Ernstfall einem herannahenden Zug entgegen gehen und optische und akustische Nothaltesignal-Zeichen geben mussten.
Während des Zweiten Weltkriegs barg das Wohnen entlang freier Bahnstrecke erhebliche Risiken. In den letzten Kriegstagen, als alliierte Bomberge-schwader die Eisenbahn-Infrastruktur und insbe-sondere stehende Züge aus der Luft angriffen, mussten sich die Bewohner solcher Bahnwärterhäus-chen oftmals schnell in Sicherheit bringen.

Mit der Einführung moderner Technik wurden die Bahnwärterhäuschen überflüssig. Viele Gebäude fie-len in den 1970er-Jahren der Spitzhacke zum Op-fer, einige wenige werden als „normale" Wohnhäuser genutzt.
Viele beschrankte Bahnübergänge wurden durch Brücken oder Durchlässen ersetzt. Auch in Geislin-gen verschwand auf diese Weise ein großes Ärger-

nis: In das Wohngebiet „Katzenloch", also Richtung Weiler, wurde Anfang der 1970er-Jahre die Unterführung gebaut. Bis dahin hatten Autofahrer oftmals bis zu 20 Minuten und länger vor geschlossenen Schranken ausharren müssen.

Mit neuen Techniken war die Bahn weniger personalintensiv geworden. Die Folge: Bahnhöfe, in denen es kein oder nur noch wenig Personal gab, verödeten. Landauf, landab kann man sehen, wie Einrichtungen vernachlässigt wurden. Spätestens, als daran gedacht wurde, die Bahn als gewinnorientiertes Unternehmen privatwirtschaftlich zu führen, war's mit der Eisenbahn-Romantik vorbei. Zwar ist der Börsengang trotz rigider Sparmaßnahmen gescheitert, doch scheint der Staat als Allein-Aktionär auf satte Gewinne gehofft zu haben. Und nun tut er so, als ob ihn das entstandene Desaster nichts anginge, denn dies sei ja wohl „Sache der Bahn." Doch wer ist der oberste Chef, wenn der Staat alleiniger Aktionär ist?

Und jetzt?

Aus einst stolzen Bahnbediensteten, die gern von „ihrer Eisenbahn" sprachen, sind frustrierte Mitar-

beiter geworden, die alle in Tochtergesellschaften abgeschoben wurden und die sich ihres „Wir"-Gefühls beraubt fühlen.

Was der Bahnkunde seit Jahren vermutet - dass die Bahn ein totgerechneter Scherbenhaufen ist und nur mühsam am Leben gehalten werden kann - , dies haben Anfang 2024 auch die Politiker erkannt, die davon abgerückt sind, die Verhältnisse bei der Bahn schönzureden. Plötzlich ist von einem riesigen Investitionsstau die Rede, ja, das gesamte Schienennetz müsse radikal erneuert werden. Noch deutlicher wurde die Kritik im Juli 2024, als sogar „Bahn-Obere" von einem Chaos sprachen.

Die Erbauer der Geislinger Steige würden sich heute, 175 Jahre nach ihrer ingenieurs-technischen

Höchstleistung mit Grausen abwenden, könnten sie sehen, was aus ihrer Eisenbahn geworden ist. Und nicht nur aus der „Schwäbischen Eisenbahn", son dern aus dem gesamten deutschen Eisenbahnwesen. Darüber darf die Hochgeschwindigkeitsstrecke Stuttgart-Ulm nicht hinwegtäuschen, denn sie passt ja wunderbar ins „System", wie Eisenbahn-Redakteur Korbinian Fleischer meint: Für Güterzüge ist die neue Strecke ungeeignet, obwohl gerade hierfür eine Stecke von Nöten wäre, die ohne Schubloks auskommt.
Leider ist das Staatsunternehmen in der Gegenwart lange Zeit auf Verschleiß gefahren ist: defekte Stellwerke, ramponierte Weichen, Türen, die sich nicht öffnen lassen oder geschlossene Toiletten.

Aber das Ziel ist immerhin erkannt: es muss besser werden!

Damit sich das Image zum nächsten Steige-Jubiläum anno 2050 gebessert hat.

Hoffen wir's.